Venciendo El Rechazo

"ALCANZANDO LA VERDADERA LIBERTAD EN CRISTO"

CLARA ABREU

Interior del libro y edición: Blessed Books Creations
Facebook.com/ Blessed Books Creations
Email: blessedbookscreations@gmail.com

Portada: Bufalo Design

Facebook.com/ Profeta Clara Abreu
Email: laobradelcalvario@gmail.com

Clasificación: Testimonio, Crecimiento Espiritual

Agradecimientos

A mis Hermanos Smailing, Heidy, Erika, Yomeyling, Starling, Frailing, Yessenia, Scarlett, Oni, Heiling y Misael, ustedes deben heredar la gracia que me ha alcanzado.

A mi iglesia, Viña de Dios, por todo el apoyo brindado a nuestro ministerio.

A todos nuestros seguidores que hacen de nuestras redes sociales un altar virtual. Son una gran familia.

Dedicatoria

A mi Dios y Padre Celestial, por permitirme vivir una vida libre del rechazo y por darme el valor de hablarle a tantas vidas con mi propia historia. ¡GRACIAS, BENDITA TRINIDAD!

A mi esposo, el apóstol Julio Cesar Abreu, por ser esa inspiración a mi vida en todos los sentidos, gracias por creer en todo tiempo en quién soy. A mi hijo, Julio Cesar Abreu Jr., por hacerme luchar contra todo pronóstico para no dejarle una herencia negativa… Te amo chiquito mío.

A mis padres, Ramón Valdez e Ivelisse Vinier, por traerme al mundo y honrar el manto que Dios puso en mí, les amo.

A mi madre espiritual, la profeta Rita Arias, por formarme y ayudarme a identificar este espíritu para poder vencerlo en el nombre de Jesús.

A mis pastores, Manuel y Julissa Ballester, por acogerme, amarme e invertirse en mí, para que cada día sea mejor en todas mis facetas. ¡Gracias!

Contenido

Prólogo

No es lo mismo leer un libro de fábulas, que uno de vivencias. Lo primero que palpamos en este libro es la unción de Dios para llevarnos a ser libres en áreas que desconocíamos. La grandeza de un hombre o mujer de Dios, no está en los años que lleve predicando, sino en las batallas que vencieron al predicar.

Conozco muy de cerca a la profeta Clara Abreu, por ende, sé de la autoridad y legalidad que tendrá este libro para libertar a sus lectores. Este ejemplar no es un manual más. Es la salida a muchos hijos de Dios bajo la prisión del rechazo, uno de los espíritus más difícil de lidiar por su forma de operar sobre el creyente.

Bendigo a Dios por permitir que la profeta Clara, mujer de autoridad, pudiera compartir sus vivencias, y así hacer legado a otros para que puedan hablar de las batallas silenciosas que se viven dentro del evangelio.

Este libro le ayudará a vencer y disfrutar de su libertad en Cristo. Si hay una mujer que puede escribir sobre el rechazo es la autora. Porque muchos asisten a la consejería, pero no toman el consejo. Sin embargo, en nuestra primera reunión de formación ella aceptó la corrección. No ocultó sus faltas. Escuchó atentamente dónde debía mejorar y a nada se negó. Eso la hace admirable. No todo lo torcido desea genuinamente enderezarse.

Como su madre espiritual, puedo decir que es una mujer sumamente humilde, usada por Dios. Mujer que ama y que se da, jamás la he visto decir que no a nada que bendiga a otros. El crecimiento de ella es tan notable que este libro lo refleja. La evidencia más alta es atreverse a decirle al mundo, yo estuve atada y ahora soy libre. Muchos hablan de sus pecados, pero no todos exponen sus ataduras.

Hija Clara, eres una bendición al que te conoce eres un regalo a las naciones y una mujer que vive lo que predica. Este será uno de los libros más vendidos de todos los que escribirás, porque este tiene algo muy grande, la medalla de haber vencido. Te amamos. El Señor es contigo.

Pastora/ Profeta
Rita Arias

Introducción

El rechazo es un espíritu que solo persigue destruir las vidas. Las priva del gozo, la identidad, la certeza y la seguridad que emana de la fe y de las promesas de Dios. El único objetivo de Satanás es matar, robar y destruir, mas el plan de Dios es dar vida. Dos cosas totalmente opuestas a las cuales nos enfrentaremos según las decisiones que tomemos en nuestro caminar.

Cuando no sabemos quiénes somos, podemos ser fácilmente manipulables y movidos por todo pensamiento e idea que otros puedan tener de nosotros. La Biblia nos enseña que: *"Somos hijos y hechura suya, creados en Cristo para buenas obras que Él preparó de antemano"* (*énfasis mío añadido*) Efesios 2:10. Cada diseñador, al crear una pieza, lo hace con el propósito de que cumpla una función. Eso trata de revelar el apóstol Pablo en la cita anterior, pero el plan de Satanás es que ese propósito se vea afectado causando dolor, amargura y depresión, porque manteniéndonos en ese estado es difícil que el propósito de nuestro diseño se vea llevado a cabo.

En este libro, podrás aprender a diferenciar el rechazo, de la libertad en Cristo. Conocerás qué es el espíritu de rechazo, dónde se originó, cómo se manifiesta, cómo opera y qué produce en quienes viven cautivos de él. Además, obtendrás herramientas para ser libre de ese espíritu y vivir en plenitud y libertad.

Te invito a que puedas utilizar este libro como un manual práctico de liberación y sanidad para identificar las problemáticas y conductas repetidas en tu vida. Que al leer "Venciendo el rechazo" puedas utilizar las herramientas que te brinda para tu liberación. Jamás dejes que el plan de las tinieblas prevalezca por encima del propósito de Dios en tu vida, eres una pieza única en sus manos.

Capítulo 1

¿Qué es el espíritu de rechazo?

"Tomo el rechazo de alguien que toca una corneta en mi oído para despertarme y ponerme en marcha, en lugar de retroceder" Sylvester Stallone.

El rechazo tiene como único propósito dañar vidas. Trata de robar el gozo, la identidad, la confianza y la seguridad de la fe en las promesas de Dios. Este espíritu es considerado como uno de los espíritus más destructivos. Tiene como habilidad crear caos en nuestras vidas y nos impide disfrutar de la plenitud y las promesas que Dios ha diseñado para nosotros. Siempre conduce al deleite, a ser el centro de atracción de todo y a la promiscuidad sexual. Una vez que la mente ha recibido este daño, el rechazo deja la vida destruida y dañada.

Muchas personas van por la vida con el dolor de heridas emocionales abiertas y cicatrices que no han sanado adecuadamente. Al igual que nuestros cuerpos físicos, las heridas del alma, que no se curan adecuadamente, pueden infectarse y causar más daño con el tiempo. En otras palabras, una herida pasada por alto puede abrir la puerta a la destrucción al enemigo y traer consigo diversas formas de opresión espiritual, como dice el apóstol Pablo: *"Enojaos, pero no pequéis; No dejes que tu ira baje, y no le des oportunidad al diablo" Efesios 4:26-27.*

Para muchas personas que han experimentado rechazo significativo en una etapa temprana de sus vidas, mantener una identidad saludable es un gran desafío. Pueden, consciente o inconscientemente, llegar a la conclusión de que algo anda mal con ellos, que de alguna manera "merecen" esta tarea y, por lo tanto, llegar al auto rechazo. Estas personas invierten mucha energía y recursos en buscar la aceptación, lo que puede ayudarles a desarrollar una personalidad alternativa y distanciarse de quienes realmente son. El miedo al rechazo, la agresión o la traición conduce muchas veces al aislamiento. En otros casos, la misma frustración que experimentan en las relaciones personales y sociales los vuelve particularmente malhumorados, irritables o rebeldes.

El rechazo es un espíritu cuyo propósito principal es destruir la autoestima, el valor y la identidad de cada ser creado por Dios para un propósito específico. Es importante que entendamos que el Espíritu Santo nunca causará tales sentimientos en nuestras vidas y, especialmente, nunca causará sentimientos de culpa. La Biblia dice que el Espíritu convence al mundo de pecado, justicia y juicio. Esto significa que nos hace conscientes de la presencia y los efectos del pecado y produce en nosotros el precioso fruto del arrepentimiento. La gran diferencia entre la culpa y la convicción de pecado es que la primera causa la muerte, mientras que la segunda causa la transformación y la vida en el Espíritu.

El espíritu de rechazo surge cuando el corazón lo nutre. Fui presa de este espíritu durante muchos años de mi vida, nunca pude experimentar el gozo, la paz y, lo más importante, la identidad que solo el Espíritu Santo puede dar a quienes eligen hacerlo. Nunca pensé que estaba bajo el gobierno de este espíritu hasta que llegué a los pies de Cristo, pero todo lo que experimenté mientras estuve bajo su atadura me ha ayudó a escribir las líneas de este libro y es mi oración que quien lo lea pueda ganar la libertad que solo se obtiene estando en sus brazos.

Desde niña comencé a tener pensamientos, tales como: no eres importante, no eres especial, nunca lograrás nada, no llegarás lejos, serás solo una más entre muchas, tu padre y tu madre trabajan día y noche. No tienen tiempo para cuidarte, no le importas a nadie. Estos pensamientos me golpeaban una y otra vez en la mente y en mi corazón. Es por esto por lo que comencé a querer "ser alguien", aunque sentía que no era nadie. Hice de todo para llamar la atención de la gente, pero solo causé más dolor y decepción a mi vida. Es que cuando no conocemos quiénes somos en Cristo y el valor que tenemos en Él, trataremos de encajar en todo y con todos.

Cuando no conocemos quiénes somos en Cristo y el valor que tenemos en Él, tratamos de encajar en todo y con todos.

La Biblia nos dice: *"Antes no tenían identidad como pueblo, ahora son pueblo de Dios. Antes no recibieron misericordia, ahora han recibido la misericordia de Dios"* 1 Pedro 2:10. Tenemos una identidad que nos hace seres humanos importantes, no por nuestros méritos, sino por los de Cristo en la cruz.

¿Qué es la identidad? Según la RAE es un conjunto de características o cualidades de una persona o cosa que la distingue de otros miembros de un grupo. Permítame hablarle sobre esto. La RAE menciona rasgos y características que nos distinguen de otras. En otras palabras, soy diseño único e irrepetible; la identidad que Cristo nos otorgó son las cualidades únicas que puso en nosotros.

Satanás siempre ha tratado de desvirtuar esa identidad en el ser humano, leamos: *"Entonces la serpiente dijo a la mujer: No moriréis; sino que sabe Dios que el día que comáis de él, serán abiertos vuestros ojos, y seréis como Dios, sabiendo el bien y el mal. Y vio la mujer que el árbol era bueno para comer, y que era agradable a los ojos, y árbol codiciable para alcanzar la sabiduría; y tomó de su fruto, y comió; y dio también a su marido, el cual comió, así como ella" Génesis 3:4-6.* Adán y Eva tenían una identidad en Edén, pero Satanás le distorsionó el diseño, llevándolos a rechazar la forma en que fueron creados, para adoptar otra que no encajaba con su molde.

Al rechazar nuestro diseño original caminamos sin identidad.

Lo mismo sucede hoy día, él no cambia su "modus operandi" nos hace entender que lo que somos no es de relevancia e importancia para Dios y los seres queridos que nos rodean. Al rechazar nuestro diseño original caminamos sin identidad y alguien que no sabe quién es, encajará en cualquier molde que lo quiera adoptar. El rechazo se alimenta de la falta de identidad. No conocer mi propósito y función en la tierra es alertar al rechazo a que me otorgue cualquier forma con la que originalmente no fui creada. *"Pero ahora que conocéis a Dios, o más bien, que sois conocidos por Dios, ¿cómo es que os volvéis otra vez a las cosas débiles, inútiles y elementales, a las cuales deseáis volver a estar esclavizados de nuevo?" Gálatas 4:9.*

El rechazo esclaviza el corazón del ser humano. Si somos conocidos por Dios y nosotros le conocemos a Él, es muy difícil ser influenciados por ese espíritu, por tal razón, el primer paso para que el rechazo salga de nuestras vidas es reconocer nuestra identidad y diseño en Cristo. Según devocionaldiario. org, "El rechazo es el plan maestro del enemigo para destruir al pueblo de Dios, pero donde entra el conocimiento acerca de esto, el enemigo no puede reinar ni controlar". Si has pasado por esta etapa en tu vida e identificas este espíritu en ti, te invito a que hagas una oración conmigo y renuncies de inmediato a ese rechazo que no te deja crecer ni avanzar.

El primer paso para que el rechazo salga de nuestras vidas es reconocer nuestra identidad y diseño en Cristo.

Padre, delante de ti reconozco que soy hechura tuya, creado para buenas obras y con una identidad provista por ti. Renuncio a todo sentimiento de rechazo y a todo espíritu de culpa que me hagan sentir alguien que no tiene valor en ti, en el nombre de Jesús, amén.

Según Cuerpomente.com "El rechazo es lo más doloroso y difícil de tratar, y podría venir desde la concepción de quien lo padece". Llama mi atención este planteamiento de que es gestado por quien lo padece, esto habla de maldiciones generacionales. Según la RAE, una maldición generacional es la consecuencia del pecado dentro de una familia. Se refleja en problemas que surgen generación tras generación. En mi caso, yo había caminado bajo el espíritu de rechazo y al estar embarazada, mi hijo también lo estaba recibiendo. Este espíritu es transferible si no cortamos esa maldición. Mayormente, el rechazado tiende a rechazar, el maltratado a maltratar y el que recibió golpes también golpea. La escritura dice: *"Como el gorrión en su vagar y la golondrina en su vuelo, así la maldición no viene sin causa" Proverbios 26:2.*

Según, cuerpomente.com, la falta de atención de los padres durante la infancia afecta toda nuestra vida. Los déficit emocionales en la infancia pueden llevar a una búsqueda constante de la satisfacción de los demás. Todo niño nace con la necesidad de recibir los cuidados externos necesarios para su supervivencia: alimento, refugio, higiene, etc. Debido a esta dependencia, estamos biológicamente programados para entrar en pánico cuando escuchamos que estos, quienes se preocupan por nosotros y por las necesidades básicas de nuestra supervivencia, están en peligro. Si un niño no se siente protegido y cuidado, de alguna manera albergará el mismo pánico durante toda su vida y seguirá buscando la aceptación de los demás para poder sentirse tranquilo.

Este es el testimonio del psicólogo Ramón Soler (escrito en el blog cuerpomente.com el 31 de octubre del 2022) quien estaba atendiendo a un paciente, cuando descubrió una fuente de rechazo en su vida. Él nos dice esto: "En terapia psicológica encontramos muy a menudo ejemplos de personas que son capaces de hacer cualquier cosa, incluso sacrificarse, para atraer la atención y la aceptación del grupo en el que se encuentran". Este joven, que en su adultez sufría las consecuencias de un rechazo en su infancia producido de manera inconsciente por su padre, luego de ser tratado en terapia psicológica, descubrió que tanto su abuelo, como su padre, habían experimentado lo mismo: "La transferencia del rechazo".

Esta historia real nos da iluminación en todo lo que he venido expresando en las líneas de este libro; hasta que no te aceptes tú mismo y veas el valor que tienes en Dios, jamás se irá el sentimiento de rechazo. Este joven estaba viviendo un caos emocional porque su padre, de manera inconsciente, activó en él este espíritu. Lo mismo estaba sucediendo en mi embarazo y no tenía el discernimiento de lo que Satanás estaba provocando.

Todos en la vida hemos tenido que lidiar con este espíritu, la gran diferencia está en que quien conoce lo que es y para qué fue diseñado, no se vuelve guarida o casa del espíritu de rechazo. Te invito a que puedas identificar si te relacionas con esta historia para que desde hoy inicies el camino a la libertad.

Capítulo 2

Origen del espíritu de rechazo

"¿Qué es rechazo? Según el diccionario Strong, la palabra rechazo proviene de la palabra griega "adokimos", esta significa negar, renunciar, rehusar y reconocer lo que no se es. El rechazo opera negando, renunciando, rehusando y no reconociendo quiénes somos, es un saboteador del propósito de Dios. El enemigo usa el rechazo como arma para arruinar y destruir las vidas, tal como dice la Biblia: *"El ladrón no viene, sino para hurtar y matar y destruir; yo he venido para que tengan vida, y para que la tengan en abundancia"* *Juan 10:10.* Su propósito principal es robarnos el gozo, la paz, la confianza y la seguridad en Dios y Su palabra.

Recuerdo cuando era presa de este espíritu, nunca descubría la felicidad, la paz era una desconocida para mí, siempre estaba amargada y era antisocial con las personas. No sabía la causa de esas acciones en mí, hasta que el conocimiento de la verdad de la Palabra me hizo libre de esa opresión. *"Y conoceréis la verdad, y la verdad os hará libres" Juan 8:32.*

El rechazo comienza como una semilla plantada en nuestras vidas por cosas que nos suceden. Joyce Meyer dice en su blog tv.Joycemeyer.org: "Dios nos ama y nos acepta, pero el diablo nos roba esta verdad diciéndonos que somos rechazados, lo que nos hace sentir rechazados y no amados. Cuando esto sucede, impacta todos los ámbitos de nuestra vida. Se convierte en un árbol con muchas ramas que da malos frutos".

El estado de tus raíces determinará el fruto de tu conducta.

El estado de tus raíces determinará el fruto de tu conducta. Si tus raíces están en el rechazo, el abuso, la vergüenza, la culpa, la baja autoestima o si tienes pensamientos de que hay algo mal en ti, tu "árbol" te conducirá a la depresión, la negatividad, la falta de confianza, la ira, la hostilidad, el control mental, la crítica, el odio y la autolesión. Cuando estás arraigado en Jesús y a Su amor, puedes relajarte sabiendo que eres amado y valioso. Todas las áreas rotas de la vida pueden armonizarse a través de Jesús y su obra en la cruz. Esto me sucedió a mí y Dios puede hacerlo por ti. ¡Él puede liberarte del poder del rechazo!

¿Qué abre la puerta para el rechazo? La falta de aceptación propia y de nuestra identidad en Cristo. Este espíritu se originó desde la caída del hombre en Edén. Eva rechazó la instrucción de Dios porque Satanás se lo trasmitió. Leamos: *"Pero la serpiente era astuta, más que todos los animales del campo que Jehová Dios había hecho; la cual dijo a la mujer: ¿Conque Dios os ha dicho: No comáis de todo árbol del huerto? Y la mujer respondió a la serpiente: Del fruto de los árboles del huerto podemos comer; pero del fruto del árbol que está en medio del huerto dijo Dios: No comeréis de él, ni le tocaréis, para que no muráis. Entonces la serpiente dijo a la mujer: No moriréis; sino que sabe Dios que el día que comáis de él, serán abiertos vuestros ojos, y seréis como Dios, sabiendo el bien y el mal. Y vio la mujer que el árbol era bueno para comer, y que era agradable a los ojos, y árbol codiciable para alcanzar la sabiduría; y tomó de su fruto, y comió; y dio también a su marido, el cual comió así como ella" Génesis 3:1-6.*

El rechazo se alimenta de las debilidades emocionales.

Este espíritu no solo es recibido en nuestras vidas, sino que como aprendimos en el capítulo anterior, es trasferido a nuestras generaciones. Te contaré una experiencia que sucedió en mi embarazo. A raíz de los constantes problemas que vivió mi matrimonio, mi esposo tenía planes de una separación. Eso produjo un rechazo de parte de él hacia nuestro hijo. Desde ese momento, vino un espíritu de rechazo asignado desde antes de nacer por puertas que él abrió, sin tener pleno conocimiento de lo que alimentaba su conducta.

Cuando tenía como seis meses de embarazo, el niño no tenía movimientos normales y llegué a pensar que algo malo sucedía. En ese tiempo solamente yo servía al Señor, mi esposo aún no. Pero un día una hermana llevó un servicio de oración a mi hogar y mientras ella oraba comenzó a profetizar por el Espíritu que mi hijo no se movía porque había un rechazo de su padre hacia él. Eso me devastó, ya que nunca imaginé que el primer fruto de nuestra relación no era deseado.

El rechazo jamás te dejará libre hasta que no reconozcas que eres hijo de Dios y que tienes un gran valor en Él.

El rechazo se alimenta de las debilidades emocionales. Cuando estamos más vulnerables emocionalmente es cuando somos más atacados por las tinieblas, ya que en las bajas no tenemos discernimiento ni voluntad porque nos dejamos llevar por la atmósfera que vemos y no la que percibimos del cielo. Eso produjo en mí, un ciclo corto de depresión donde comencé a pensar que mi hijo no había llegado en el momento exacto y que podía provocar un estorbo en nuestra relación. Mi estado de rechazo estaba llamando a otro a ejecutar lo mismo, en este caso en mi embarazo, tal como dice la Biblia: *"Un abismo llama a otro abismo en el rugir de tus cascadas; todas tus ondas y tus olas se han precipitado sobre mí"* *Salmos 42:7.*

Los espíritus se alimentan unos con otros para formar una cadena que ate la vida de quienes le abren las puertas para que ellos moren. Cuando mi esposo regresó a casa, ese día del servicio de oración, le conté lo sucedido con dudas. No obstante, cuando él escuchó el testimonio me dijo: "Esa palabra vino de Dios" y cuando él lo reconoció, me pidió perdón y le habló al niño en el vientre. Eso produjo un terremoto en mi barriga y el niño comenzó a moverse de manera sobrenatural. Ese día mi hijo fue libre de la opresión de ese espíritu. Mi esposo declaró sobre él: "Tú eres deseado y amado", dos palabras que el espíritu de rechazo no tolera que escuchen los que están atados por él.

El rechazo jamás te dejará libre hasta que no reconozcas que eres hijo de Dios y que tienes un gran valor en Él. Entendí, desde ese mismo día, que mientras estamos oprimidos, eso nos mantiene inmovilizados y estancados. Yo vivía presa, y también mi hijo lo estaba, hasta que decidí romper con el rechazo y su ciclo en mis generaciones. En este punto deseo que hagas un alto e inicies a meditar, cuándo y cuál fue el eslabón para que el rechazo tomara posición en tu corazón. Haz una lista e inicia un proceso de renuncia y perdón para que puedas experimentar la verdadera sanidad.

Oremos: Señor, en esta etapa de mi vida reconozco que he sido preso del dolor, la amargura y la falta de identidad, porque el rechazo producido por _____ me causó mucho dolor. Hasta ahora no sabía quién era, reconozco mi valor y propósito en ti y desde hoy en adelante caminaré con la convicción de que soy hijo, amado, perdonado y redimido.

Renuncio y le quito toda legalidad a ese espíritu en mi vida y me declaro libre en ti para caminar y disfrutar de Tus promesas, en el nombre de Jesús. ¡Amén!

Alcanzar la libertad en Cristo es un derecho que nos ha sido concedido por medio de Su muerte y resurrección. Vive, camina, y declara, que Jesús pagó un alto precio por tu "verdadera libertad".

Capítulo 3

Las manifestaciones del espíritu de rechazo

Según la RAE, una manifestación es mostrar o dejar ver una cosa, expresar, descubrir algo. Esto quiere decir que, el rechazo tiene maneras de ser descubierto por quien lo carga en su conducta y forma de vivir. *"Y manifiestas son las obras de la carne, que son: adulterio, fornicación, inmundicia, lascivia, idolatría, hechicerías, enemistades, pleitos, celos, iras, contiendas, disensiones, herejías, envidias, homicidios, borracheras, orgías, y cosas semejantes a estas; acerca de las cuales os amonesto, como ya os lo he dicho antes, que los que practican tales cosas no heredarán el reino de Dios"* Gálatas 5:19-21.

. La manifestación visible de esa conducta es el claro reflejo de lo que gobierna el corazón. Recuerdo que cuando era esclava de ese espíritu, todas mis conductas y formas de ser visibles eran para tratar de llamar la atención y encajar en cualquier círculo. Uno de los tentáculos del rechazo es la rebeldía.

En mi adolescencia, viví con ira, enojo, tristeza y deseos de vengarme cuando alguien me causaba daño. Eso provocaba que mendigara amor y aceptación entre quienes no tenían intención de honrarme, sino de lastimarme. En una ocasión, fui a una fiesta. Ya era tarde en la noche y quería regresar a casa. Busqué a alguien que me pudiera llevar y en ese lapso un joven se acercó y me habló con palabras dulces, halagadoras y muy atractivas para mí. Llamó tanto mi atención que no dudé un instante en permitir que él me llevara a mi destino, no sabiendo sus intenciones y enfocada en lo único que provocó mi atención, las palabras que a mí me escaseaban.

Tomamos el trayecto a casa y de camino iba muy alegre y encantada por aquel caballero que me cautivó con sus palabras. En el capítulo anterior, te mencioné que el rechazo se alimenta de la debilidad emocional. Iba tan deslumbrada con no me percaté de que había cambiado de ruta y cuando quise abrir mis ojos era muy tarde para reaccionar. Fui llevada a un lugar oscuro, me asusté, comencé a temblar y sentía que estaba bajo peligro. Sin mediar muchas palabras escuché esa voz atroz, burlona y maquiavélica.

Ahora que tengo el conocimiento de Dios, me doy cuenta de que Satanás se disfraza de ángel de luz para llevar a cabo su plan malvado en aquellos que deciden confiar en su luz falsa. *"Y no es maravilla, porque el mismo Satanás se disfraza como ángel de luz. Así que, no es extraño si también sus ministros se disfrazan como ministros de justicia; cuyo fin será conforme a sus obras" 2 Corintios 11:14-15.*

Aquel joven me dijo: "Jamás serás feliz con nadie porque hoy me encargo de marcarte". Eso produjo en mí una paralización por los nervios y entre el forcejeo con él, me debilité. Su fuerza era más que la mía, mis brazos se cansaron y terminó la agresión física en violación. Me sentí desecha, sin vida y sin aliento. De inmediato, vino una sensación de odio al sexo masculino y mi único deseo fue, desde ese momento, rechazar todo afecto que otros me pudieran dar. Me quedé en aquel lugar indefensa y con mucho frío, llorando y deseando tirarme al mar que estaba a unos 50 metros de mí. Gritaba que quería terminar con mi vida y que no quería más saber del ser humano.

Me volví una mujer inconstante en mis emociones, nunca tenía estabilidad ni tampoco identidad. Quería hacer de todo para verme como otros se veían. El rechazo fue mi personalidad interior y, la rebeldía, mi carta de presentación donde quiera que fuera. No respetaba a mis padres ni a mis hermanos, y mucho menos tenía lealtad con mis amistades. El rechazo había provocado en mí una mujer insegura, fracasada, con amargura, dolor y pánico. ¿Sabía usted que el rechazo es la puerta para el doble ánimo, la doble personalidad, moral y conducta? La Biblia lo dice de esta forma: *"El hombre de doble ánimo es inconstante en todos sus caminos"* Santiago 1:8.

El rechazo es la puerta para el doble ánimo, la doble personalidad, moral y conducta.

Luego de un tiempo de ese suceso me enteré de que esa persona estaba afectada por una enfermedad de transmisión sexual. Hoy bendigo la misericordia de mi Dios que me guardó de poder ser contagiada. Léeme bien, cuando hay un propósito de Dios en tu vida, no importa la magnitud de cómo el diablo quiera dañarte o lacerarte, serás preservado por el propósito.

En el momento que lo supe, no sabía que Dios había hecho un milagro de bloquear mi cuerpo ante esa terrible enfermedad, por lo que la depresión comenzó a tocar la puerta de mi corazón, seguido de un espíritu de alcoholismo. En este testimonio hay varios eslabones del rechazo en mi vida a los cuales quiero que preste atención. Estos espíritus entraron por la puerta llamada rechazo. Pero el rechazo siempre será el puente que abra la vía o el camino para que los demás espíritus pasen y se posicionen en el corazón.

• Pánico
• Inseguridad
• Falta de identidad
• Dolor
• Depresión
• Doble ánimo
• Cautividad mental
• Tristeza
• Amargura
• Soledad

La depresión se agudizó en mí a tal grado, que todos los días ingería alcohol para sentirme plena según mis pensamientos. Eso provocó que deseara terminar con mi vida y en varias ocasiones, en específico tres, intenté *Hasta que no aprendamos a morir, no tendremos el derecho a vivir.* cortarme las venas con una navaja y terminar con aquella pesadilla que yo entendía que nunca acababa ni tenía fin.

El rechazo es el sentimiento de no ser amados, apreciados o valorados por otros y es el resultado de no experimentar el amor de otros. Muchas veces esos sentimientos son provocados por nuestra imaginación y al pensar que nadie nos ama, somos incapaces de recibir amor porque el rechazo se convierte en un bloqueador del amor.

¿Cuáles son algunas manifestaciones del rechazo? Al identificarlas, te invito a ir evaluándote para que puedas ser libre de ellas, como lo fui yo al llegar a Cristo Jesús. Aun estando en el Señor, tenía secuelas de este espíritu trabajando sutilmente. Este cual provocaba en mí una rebeldía disfrazada de espiritualidad. Todos me veían santificada, pero en mi hogar no había fruto de arrepentimiento. En mi primer libro, "Guerrera de tu hogar", cuento todo el episodio de cómo vivía con apariencias físicas de santidad, pero con conductas demoníacas internas. El pecado y el rechazo nos conducen a planificar situaciones para salir ilesos de nuestras culpas, y es que hasta que no aprendamos a morir, no tendremos el derecho a vivir (frase tomada del libro "Guerrera de tu hogar").

Mientras vivamos atados al pasado, no tendremos espacio para abrazar el futuro que Dios tiene preparado y diseñado para nosotros.

Estar en la iglesia no es sinónimo de liberación. La liberación es un proceso que solo se obtiene reconociendo nuestra conducta y deseando experimentar una verdadera sanidad y libertad.

Las secuelas de mi violación llegaron a tener tentáculos fuertes en mi matrimonio. Al inicio de este, me era muy difícil confiar plenamente en el amor que mi esposo me daba. Era muy insegura, arrogante, malcriada y rebelde, esos eran tentáculos que todavía no había roto del pasado y producían dolor en mi presente. Mientras vivamos atados al pasado, no tendremos espacio para abrazar el futuro que Dios tiene preparado y diseñado para nosotros.

No confiaba en nadie, era difícil para mí abrirle mi corazón a alguien por temor a ser lastimada y lacerada. Querido lector, yo hablaba lenguas, decía estar llena del Espíritu Santo y a la vez era presa del temor y la inseguridad. Es inverosímil tener el Espíritu a plenitud y a la vez experimentar ataduras en áreas de nuestras vidas. Jamás podremos tener autoridad sobre lo que todavía nos vence y cautiva. *"Prometiéndoles libertad, siendo ellos mismos esclavos de corrupción. Porque el que es de alguno vencido, es sujeto a la servidumbre del que lo venció"* 2 Pedro 2:19. Mientras seamos vencidos por el pecado en algunas áreas de nuestras vidas, seremos esclavos de él.

Era usada en los dones, pero esclava en mis sentimientos. Era un gran ministro, pero no había sanidad completa en la niña ni en la adolescente que prefirió callar ante todos el suceso experimentado de la violación. Culpaba internamente a mis padres, a mis hermanos y a mis abuelos, de la desgracia provocada por mí misma.

Un día, en una reunión de mentoría con mi madre espiritual, la profeta Rita Arias, Dios comenzó hablar a mi vida. Bajo el don de ciencia y por el Espíritu, llegó al punto de mi identidad, en ese momento detoné en llanto. Este era un punto muy vulnerable y me dijo: "Hija, no eres mala, solo que la niña está lastimada y el Espíritu Santo la quiere sanar. Actúas de esa manera porque aún peleas con el espíritu de rechazo". Las próximas palabras que me dijo, fueron para mí la llave para abrir la puerta a la libertad plena en mi vida: "Mamá te ama y estaré aquí para elevarte y ayudarte a sanar".

Ese día, al concluir nuestra reunión, fui a la presencia de Dios y comencé a analizar mi vida. Me percaté de que aún era presa del dolor, de la exageración (que es mentira por igual), de la inseguridad y de la duda hacia los demás. Esa reunión abrió un camino hacia mi verdadera libertad.

Es interesante saber que no caí endemoniada, ni comencé a gritar como loca, fui libre escuchando la Palabra, ¡oh gloria a Dios! Como dice la Biblia: *"Ya vosotros estáis limpios por la palabra que os he hablado" Juan 15:3.* Lo único que provocará sanidad, romperá las cadenas y producirá limpieza en nuestro corazón y en nuestras vidas es la Palabra.

Al principio de este capítulo, enseñamos el significado de la palabra manifestación. Dijimos que es algo visible, es por esto por lo que el rechazo es detectado por estas manifestaciones:

1. Inseguridad
2. Depresión
3. Orgullo
4. Falta de identidad
5. Indecisión
6. Miedo
7. Culpa
8. Inmoralidad sexual
9. Enfermedad
10. Aislamiento
11. Frustración
12. Envidia
13. Venganza
14. Vergüenza
15. Soledad
16. Suicidio
17. Búsqueda de atención
18. Desaliento

19. Doble ánimo
20. Vanidad

Todas estas manifestaciones son entradas por la puerta llamada rechazo. Hoy te invito a identificarlas y permitirle al Espíritu Santo hacerte verdaderamente libre. *"Así que, si el Hijo os libertare, seréis verdaderamente libres" Juan 8:36.*

Te invito a repetir esta oración luego de analizar y enumerar los tentáculos del rechazo. Padre, hoy vengo delante de Tu presencia reconociendo que sin ti, mi vida no encuentra sentido, hoy renuncio a todo espíritu que me haga sentir inseguro de Tus promesas y de mi identidad en ti. Reconozco que soy amado, valorado, aceptado y con valor. En el nombre de Jesús. Amén.

Capítulo 4

El tentáculo de la depresión

Creo que todos como seres humanos hemos atravesado por el camino del rechazo. A todos nos ha visitado esta amarga experiencia, unos a mayor grado que otros. Jesús, siendo el hijo de Dios, experimentó el rechazo de los suyos. *"A lo suyo vino, y los suyos no le recibieron. Mas a todos los que le recibieron, a los que creen en su nombre, les dio potestad de ser hechos hijos de Dios; los cuales no son engendrados de sangre, ni de voluntad de carne, ni de voluntad de varón, sino de Dios" Juan 1:11-18.* Claramente, nos dice a lo suyo, queriendo decir que Jesús vino a morir por los pecadores y reconciliar la humanidad con el Padre por medio de Su muerte, pero también vino a reconciliar a Israel con su Dios Elohim. Pero los suyos, hablando de Su propio pueblo, rechazaron la oportunidad que tenían de conectar con el Padre por medio de Jesús.

Cada vez que nosotros rechazamos la Palabra, que es una medicina que sana nuestra alma herida, viviremos en destrucción. Israel hasta hoy vive una vida de dolor y el rechazo de muchas naciones por haber rechazado a Su Salvador. Darnos la oportunidad de vivir bajo la libertad que solo opera desde la conexión con Cristo y Su Palabra, es una decisión propia que debemos tomar.

Darnos la oportunidad de vivir bajo la libertad que solo opera desde la conexión con Cristo y Su Palabra, es una decisión propia que debemos tomar.

Es bueno tener ayuda profesional en el caso del rechazo, pues uno de los tentáculos de este se manifiesta a través de la depresión. ¿Qué es la depresión? Según Clínica Universidad De Navarra, es un trastorno mental caracterizado fundamentalmente por un bajo estado de ánimo y sentimientos de tristeza, asociados a alteraciones del comportamiento, del grado de actividad y del pensamiento. Según estos profesionales, surge por un bajón en el estado de ánimo y esto lo puede afirmar la Palabra. *"El hombre de doble ánimo es inconstante en todos sus caminos" Santiago 1:8.* Nadie puede tener éxito o desarrollo en su vida si vive una vida dual emocionalmente.

La inconstancia emocional lleva al alma a ser presa de la depresión y del dolor y es uno de los propulsores de esto es el rechazo. Cristo no dejó que esta condición de dolor pudiera entorpecer en Su propósito de vida porque Él conocía cuál era *La depresión tiene voz y siempre habla en contra del plan y propósito de Dios en nosotros.* su asignación terrenal, o sea, tenía identidad. *"Y tomando a Pedro, y a los dos hijos de Zebedeo, comenzó a entristecerse y a angustiarse en gran manera. Entonces Jesús les dijo: Mi alma está muy triste, hasta la muerte; quedaos aquí, y velad conmigo" Mateo 26:37-38.* Claramente, Él les reveló a los discípulos Su condición, pero esto no lo hizo preso.

Como seres humanos, podemos sentir en un momento de nuestras vidas las altas y bajas emocionales, tales como: tristeza, dolor, amargura, depresión, ansiedad e inseguridad. Lo que no podemos dejar es que estos sentimientos nos hagan esclavos y nos impidan disfrutar de la plenitud que solo es producido por el gozo. Cristo pasó por un ciclo de tristeza, pero no fue preso de ella, la causa de Su libertad es que Él conocía Su identidad. Como expliqué en capítulos anteriores, no saber quiénes somos puede perjudicar nuestro desarrollo en Dios.

La depresión es muy sutil y silenciosa, muchas veces cuando se manifiesta es porque ya estamos presos en ella. La depresión tiene voz y siempre habla en contra del plan y propósito de Dios en nosotros. No identificar su voz puede ocasionar hasta la muerte. Es bueno que sepamos cuáles son sus síntomas.

Según Clínica Universidad De Navarra, algunos de los síntomas más habituales son sentimientos de tristeza, ganas de llorar, vacío o desesperanza, arrebatos de enojo, irritabilidad o frustración, incluso por asuntos de poca importancia. Pérdida de interés o placer por la mayoría de las actividades habituales o todas, como las relaciones sexuales, los pasatiempos o los deportes. Alteraciones del sueño, como insomnio o dormir demasiado, cansancio y falta de energía, por lo que incluso las tareas pequeñas requieren un esfuerzo mayor. Falta de apetito y adelgazamiento, o más antojos de comida y aumento de peso, ansiedad, agitación o inquietud. Lentitud para razonar, hablar y hacer movimientos corporales. Sentimientos de inutilidad o culpa, fijación en fracasos del pasado o autorreproches, dificultad para pensar, concentrarse, tomar decisiones y recordar cosas. Pensamientos frecuentes o recurrentes sobre la muerte, pensamientos suicidas, intentos suicidas o suicidio. Problemas físicos inexplicables, como dolor de espalda o de cabeza.

Si te identificas con estos síntomas de la depresión impulsados por el rechazo, debes hoy renunciar a ellos antes de que ellos te esclavicen hasta causar la muerte, tanto física como espiritual. *"¿O no sabéis que a quien os presentáis a vosotros mismos como siervos para obedecerle, sois siervos de aquel a quien obedecéis, sea del pecado para muerte, o sea de la obediencia para justicia?" Romanos 6:16.*

En el capítulo anterior, escribí sobre un ciclo de mi vida en el que estuve bajo la esclavitud de esta patología llamada depresión, a tal punto que la tristeza y dolor me hizo abrirle puertas al alcohol, quedando prisionera y dependiente de él para sentirme feliz. Una tristeza profunda se había apoderado de mis emociones y eso día a día se iba alimentando, llevándome a perder el interés por la vida, la familia, los estudios y mis proyectos. Esta condición me estaba robando la vitalidad y tenía un cansancio excesivo de todo. En ese momento yo no comprendía lo que me sucedía porque mi entendimiento estaba segado por la misma condición de rechazo que tenía.

Esa dualidad emocional estaba trabajando muy sutil en mí y esa voz que emite la depresión me estaba susurrando que acabara con mi vida, situación que intenté en tres ocasiones, pero que, por la misericordia de Dios, fueron fallidos. Nunca podremos caminar en libertad si nos mantenemos arraigados a lo que nos quiere esclavizar, es necesario anhelar la libertad que nos lleva a una vida victoriosa en el Señor.

La depresión no tiene edad, raza, o etnia social, ella toca a ricos y a pobres, a blancos y a negros y siempre es alimentada por la falta de confianza en Dios. Una de las cosas que causa la depresión en las vidas es el silencio, no exteriorizar lo que sentimos en el interior. David en un momento de tristeza dijo: *"Mientras callé, se envejecieron mis huesos en mi gemir todo el día" Salmos 32:3.* Mientras él no exteriorizó la condición interna, estuvo bajo dolor, tristeza y angustia.

Nunca podremos caminar en libertad si nos mantenemos arraigados a lo que nos quiere esclavizar.

Cuando atravesé esa etapa depresiva, nunca lo hablé con mis padres o familiares, solo una amiga se dio cuenta por mi físico de que algo no andaba bien y se atrevió a preguntarme si estaba bien. Esas palabras bastaron para aliviar mi condición. De inmediato, comencé a llorar y entre lágrimas comencé a expulsar el dolor que me carcomía por dentro, creo que Dios permitió que ella me hablara para liberar todo ese peso. Esa fue la llave que abrió la puerta y me extrapoló a otra dimensión (hablar y sacar lo que me agobiaba).

Querido lector, posiblemente te puedas identificar con esta situación que me pasó y estés experimentando carga, angustia, ansiedad, pérdida del interés de las cosas y eso te lleve a mantener el silencio ante tus seres queridos. Hoy te exhorto a que puedas drenar esa condición interna y hablar con alguien que te ayude a salir de esa condición. Busca primero hablar con Dios y exponle tu dolor, tu tristeza y tu agonía. Deposita tus cargas y deja que Sus manos te hagan caminar ligero. *"Entrégale tus cargas al Señor, y él cuidará de ti; no permitirá que los justos tropiecen y caigas" Salmos 55:22.*

¡Aprópiate de esta promesa! Si te atreves a entregarle tus cargas y todo tu dolor, Él te da la garantía de cuidar de ti. Dios no permitirá que caigas en la trampa del enemigo y seas prisionero de la amargura, la depresión y el rechazo. Yo aprendí a soltar todo en Su presencia, a dejar que Él me guíe y a permitir que Su amor ilumine mi camino.

Hoy te invito a hacer esta oración conmigo: Señor Jesús, hoy reconozco que he sido víctima de la depresión, que he sido atormentado por la amargura, el dolor y la tristeza. Hoy decido entregártelas a ti. Abro mi corazón y te cedo el control total del mismo, toma asiento en él y ayúdame a hacer Tu voluntad, no la mía. Hoy renuncio al dolor que me ha ocasionado _____ y me declaro libre de ello en el nombre de Jesús, amén.

Muévete y genera cambios. *"Tus emociones no deben ser paralizadoras" Anónimo.*

Capítulo 5

Secuelas del rechazo

El rechazo emocional deja huellas profundas y duraderas en quienes lo experimentan. A continuación algunas de ellas:

1. Baja autoestima. El rechazo puede hacer que una persona se sienta indigna, inadecuada o poco valiosa, lo que puede afectar negativamente su autoestima.

2. Ansiedad y depresión. La constante preocupación por ser rechazado nuevamente y la sensación de soledad, pueden desencadenar en ansiedad y depresión.

3. Dificultades en las relaciones. El miedo al rechazo puede dificultar la capacidad de establecer y mantener relaciones saludables, tanto personales como profesionales.

4. Aislamiento social. Las personas que han experimentado rechazo emocional pueden

retirarse y aislarse socialmente para protegerse de futuros dolores.

5. Dificultades para confiar. El rechazo puede hacer que una persona sea escéptica o desconfiada de los demás, lo que dificulta la formación de relaciones cercanas y significativas.

6. Impacto en la salud mental. El rechazo emocional crónico puede contribuir al desarrollo de trastornos de salud mental como el trastorno de estrés postraumático (TEPT) o trastornos de ansiedad.

Estas son solo algunas de las muchas formas en que el rechazo emocional puede dejar huellas en la vida de una persona, mostrando su impacto profundo y amplio en el bienestar emocional y mental.

El rechazo puede afectar en varias áreas

1. Salud mental. Puede provocar ansiedad, depresión, estrés crónico y baja autoestima.

2. Relaciones interpersonales. Puede dificultar la capacidad de establecer y mantener relaciones saludables, generando problemas de confianza y aislamiento social.

3. Autoconcepto. Puede afectar negativamente la percepción que la persona tiene de sí misma, provocando sentimientos de inutilidad.

4. Rendimiento académico y laboral. Puede interferir en el desempeño en el trabajo o en la escuela debido a la falta de confianza en uno mismo y la preocupación constante por el rechazo.

5. Salud física. El estrés crónico causado por el rechazo emocional puede tener efectos negativos en la salud física, aumentando el riesgo de enfermedades cardiovasculares, problemas digestivos y otros trastornos.

Todos estos patrones son creados por el rechazo, tanto espiritual como físico, podemos ser impactados de una forma incorrecta por él.

El rechazo puede contribuir al desarrollo o empeoramiento de enfermedades físicas y mentales, tales como:

1. Trastornos de ansiedad. Como el trastorno de ansiedad generalizada (TAG), trastorno de pánico o trastorno de estrés postraumático (TEPT).

2. Depresión. El rechazo emocional puede desencadenar o agravar la depresión, especialmente en casos de rechazo prolongado o severo.

3. Trastornos del estado de ánimo. Pueden incluir trastorno bipolar u otros trastornos del estado de ánimo relacionados.

4. Trastornos alimentarios. Como la anorexia nerviosa, la bulimia nerviosa o el trastorno por atracón, que pueden ser exacerbados por sentimientos de baja autoestima y rechazo.

5. Trastornos del sueño. El estrés emocional causado por el rechazo puede interferir con el sueño, lo que conduce a insomnio u otros problemas de sueño.

6. Problemas cardiovasculares. El estrés crónico puede aumentar el riesgo de enfermedades cardiovasculares como la hipertensión arterial y enfermedades del corazón.

7. Trastornos gastrointestinales. El estrés emocional puede afectar el sistema digestivo y contribuir a problemas como el Síndrome del Intestino Irritable (SII) y la enfermedad de úlcera péptica.

8. Supresión del sistema inmunológico. El estrés prolongado causado por el rechazo emocional puede debilitar el sistema inmunológico, haciéndolo más susceptible a enfermedades infecciosas y otras enfermedades.

Estas son algunas de las enfermedades que pueden estar relacionadas con el rechazo emocional, pero es importante tener en cuenta que la relación entre el rechazo emocional y las enfermedades puede variar según la persona y su situación específica.

Muchas veces tenemos síntomas físicos que son secuelas de situaciones espirituales como todas las mencionadas anteriormente. Debemos saber que cederle nuestras emociones al rechazo es quedar presos de una condición emocional. El minar la autoestima y desgarrar los lazos de conexión interpersonal, puede desencadenar una espiral descendente de ansiedad, depresión y una sensación abrumadora de soledad, dejando cicatrices invisibles en el corazón y en el alma que perduran mucho más allá del momento del rechazo inicial.

El rechazo afecta nuestra vida espiritual

1. Sentimientos de abandono. El rechazo puede generar sentimientos de abandono por parte de personas o incluso de Dios mismo, lo que puede afectar nuestra conexión con lo divino o lo espiritual.

2. Dudas sobre el propósito o el significado. El rechazo puede hacer que cuestionemos nuestro

propósito en la vida o el significado de nuestra existencia, lo que puede afectar nuestra búsqueda del propósito espiritual.

3. Pérdida de fe o confianza. El rechazo puede afectar nuestra fe en nosotros mismos, en los demás o en las promesas de Dios, lo que puede debilitar nuestra conexión con el Espíritu Santo.

4. Aislamiento espiritual. El dolor del rechazo puede llevarnos a aislarnos emocional y espiritualmente, impidiendo nuestra participación en prácticas o comunidades espirituales que antes encontrábamos significativas.

5. Búsqueda de consuelo y sanación. Por otro lado, el rechazo puede llevarnos a buscar consuelo y sanidad en fuentes incorrectas como la brujería, el ocultismo, etc, o en la fuente correcta ya sea a través de la oración, la meditación, la reflexión o el apoyo de una comunidad religiosa.

Por último, el rechazo emocional se refiere a la experiencia de ser excluido, ignorado o despreciado por otros, lo que puede causar dolor emocional y afectar negativamente la autoestima y el bienestar psicológico de la persona afectada. Este tipo de rechazo puede ocurrir en diferentes contextos, como relaciones personales, familiares, laborales o sociales, y puede manifestarse de diversas formas, desde comentarios hirientes hasta la exclusión activa de actividades o grupos. El rechazo emocional puede tener efectos duraderos en la salud mental y emocional de una persona, y es importante abordarlo con comprensión y apoyo.

Capítulo 6

¿Cómo ser libre del rechazo?

Satanás siempre buscará la manera de que nuestras actitudes y comportamientos sean contrarios a los que Dios estableció para nosotros sus hijos, ya que de esa manera experimentaremos un rechazo a nuestra conducta de pecado e iniquidad. Quiero explicar algo y que puedas ser lo suficiente maduro para discernir el espíritu de mis palabras. Cuando Satanás se rebeló de su diseño original, fue rechazado en el cielo. *"Perfecto, eras en todos tus caminos desde el día que fuiste creado, hasta que se halló en ti maldad. A causa de la multitud de tus contrataciones, fuiste lleno de iniquidad, y pecaste; por lo que yo te eché del monte de Dios, y te arrojé de entre las piedras del fuego, oh querubín protector"* Ezequiel 28:15-16. Observe que el cielo rechazó totalmente su conducta y el Padre no toleró su posición al alterar su diseño original.

Aquí hay dos palabras importantes "echar y arrojar". Echar, según la RAE, es dejar caer una cosa para que entre en un lugar determinado. Por otro lado, arrojar es lanzar con fuerza una cosa con la mano o mediante un aparato en una determinada dirección. Observe que ambas palabras hablan de dejar caer y lanzar fuera, esto provocó Satanás con su rebeldía, que lo lanzaran y echaran fuera de su posición de luz.

Ahora, él tratará de que los seres humanos también sean sacados y lanzados de su posición. Esto lo pudo lograr con los primeros seres humanos, Adán y Eva. *"Y le dio esta orden: Puedes comer de todos los árboles que hay en el jardín, exceptuando únicamente el árbol del conocimiento del bien y del mal. De él no deberás comer, porque el día que lo hagas quedarás sujeto a la muerte" Génesis 2:16-17.* En esta porción de la Palabra vemos la instrucción de Dios sobre ellos. Luego veremos cómo Satanás provocó que ellos fueran lanzados y expulsados de sus diseños, como también lo fue él. *"Pero la serpiente era astuta, más que todos los animales del campo que Jehová Dios había hecho; la cual dijo a la mujer: ¿Conque Dios os ha dicho: No comáis de todo árbol del huerto? Y la mujer respondió a la serpiente: Del fruto de los árboles del huerto podemos comer; pero del fruto del árbol que está en medio del huerto dijo Dios: No comeréis de él, ni le tocaréis, para que no muráis. Entonces la serpiente dijo a la mujer: No moriréis; sino que sabe*

Dios que el día que comáis de él, serán abiertos vuestros ojos, y seréis como Dios, sabiendo el bien y el mal" Génesis 3:1-5.

Satanás le tergiversó la instrucción a Eva para llevarla a la desobediencia y lo logró. *"Y vio la mujer que el árbol era bueno para comer, y que era agradable a los ojos, y árbol codiciable para alcanzar la sabiduría; y tomó de su fruto, y comió; y dio también a su marido, el cual comió, así como ella. Entonces fueron abiertos los ojos de ambos, y conocieron que estaban desnudos; entonces cosieron hojas de higuera, y se hicieron delantales" Génesis 3:6-7.*

Quiero que puedas comprender bien esto, el Padre nunca rechaza al ser humano, sino la conducta que estos ejercen en contra de lo estableci- do por la Palabra. La gran diferencia entre Satanás y nosotros, es que él no tuvo oportunidad de arrepenti- miento por permanecer con su conducta de pe- cado, pero al ser humano Dios le dio la oportu- nidad de arrepentimiento por medio de la muerte de Su hijo Jesús. Eso es lo que provoca que las tinieblas nos odien tanto, que seamos redimidos y salvos por medio de la sangre de Cristo.

Todo el que rechaza la redención de Jesús tiene vendados los ojos por las tinieblas.

Todo el que rechaza la redención de Jesús tiene vendados los ojos por las tinieblas. *"En quienes el dios de este mundo cegó el entendimiento de los incrédulos, para que no les resplandezca la luz del evangelio de la gloria de Cristo, el que es la imagen de Dios" 2 Corintios 4:4.* Dios jamás aborrecerá Su creación, si no la práctica que va en contra de Sus normas.

Hubo algunos actos cometidos por hombres en las escrituras que fueron rechazados por Dios, veamos:

• Saúl. *"Y Samuel respondió a Saúl: «No volveré contigo; porque desechaste la palabra de Jehová, y Jehová te ha desechado para que no seas rey sobre Israel». Y volviéndose Samuel para irse, él se asió de la punta de su manto, y este se rasgó" 1 Samuel 15:26.*

• David. *"Y Natán dijo a David: «También Jehová ha remitido tu pecado; no morirás. Mas por cuanto con este asunto hiciste blasfemar a los enemigos de Jehová, el hijo que te ha nacido ciertamente morirá». Y Natán se volvió a su casa. Y Jehová hirió al niño que la mujer de Urías había dado a David, y enfermó gravemente" 2 Samuel 12:7.*

• Sansón. *"Ella entonces dijo: «¡Sansón, los filisteos se te echan encima!» Y él despertó de su sueño, y dijo: «Saldré como las otras veces y escaparé». Pero no sabía que el Señor se había apartado de él" Jueces 16:20.*

Hay muchos más ejemplos en donde podemos ver que Dios rechazó sus comportamientos, mas no su corazón, pues fueron creados para un gran propósito. Deseo darte herramientas poderosas en este capítulo para ser libre del espíritu de rechazo. La liberación es el pan de los hijos, en Cristo puedes disfrutarla y experimentarla. *"Y Él le decía: «Deja que primero los hijos se sacien, pues no está bien tomar el pan de los hijos y echarlo a los perrillos»" Marcos 7:27.* Es muy importante para el Padre, que nos mantengamos libres del rechazo y de sus tentáculos.

Todos, de una manera u otra, hemos sido rechazados en áreas y lugares en la sociedad. Hasta nuestro Salvador, Cristo, experimentó rechazo en los suyos. *"A lo suyo vino, y los suyos no le recibieron" Juan 1:11. "Pero los principales sacerdotes y los ancianos persuadieron a las multitudes que pidieran a Barrabás y que dieran muerte a Jesús. El gobernador les preguntó de nuevo: «¿A cuál de los dos quieren que les suelte?». Ellos respondieron: «A Barrabás»" Juan 27:20-21.*

Cristo sabía quién era y cuál era Su propósito. El vino a la tierra a libertar a la humanidad de la opresión del diablo y del rechazo. Jesús no sufría de falta de identidad, de hecho, lo demostró en la tentación de Satanás hacia Él en el desierto, leamos: *"El tentador se le acercó y le dijo: «Si eres Hijo de Dios, di que estas piedras se conviertan en panes». Pero él le contestó: «Está escrito: "No solo de pan vive el hombre, sino de toda palabra que sale de la boca de Dios"»* Mateo 4:1.

Reconocer nuestras fallas es la llave que abre la puerta que da acceso a la restauración.

Todos podemos padecer de rechazo, unos más agudos que otros, no obstante, cuando identificamos los tentáculos de Satanás, podremos iniciar la verdadera liberación. Reconocer nuestras fallas es la llave que abre la puerta que da acceso a la restauración. *"Oh, Dios, tú nos has rechazado, y has abierto brecha en nuestras filas; te has enojado con nosotros: ¡restáuranos ahora!"* Salmos 60:1.

Nos liberamos del rechazo cuando usamos:

1. La oración, como arma de defensa.
2. La fe, como escudo protector.
3. La adoración, como lanza.

4. La Palabra, como constitución que cita nuestros derechos como hijos.

5. La obediencia, como bastón.

6. La santidad, como manto que nos esconde en la luz.

7. El ayuno, como unción que pudre los yugos.

Usando estas herramientas nos volvemos vencedores y no vencidos, es hora de usarlas y experimentar la verdadera libertad en Cristo Jesús. Quisiera profundizar en esta última herramienta: el ayuno como unción que pudre yugos.

En la antigüedad, a la hora de arar la tierra y prepararla para la siembra, se utilizaban dos bueyes para tal labor. Estos estaban unidos por un yugo entre sus cuellos. Uno de ellos era un buey maduro y con experiencia, el otro, joven e inexperto, quien debía ser entrenado por el de mayor capacidad. El buey joven debe seguir todo lo que hace el buey más viejo. De esta misma forma, vivimos nosotros en el pecado. Satanás nos ata con sus atracciones y ofertas y nos dejamos envolver haciendo específicamente lo que él nos indica. Por eso el Profeta Isaías en el capítulo 58:6 nos revela esta gran verdad. *"¿No es más bien el ayuno que yo escogí, desatar las ligaduras de impiedad, soltar las cargas de opresión, y dejar ir libres a los quebrantados, y que rompáis todo yugo?"*

Según la Escritura, el ayuno funciona en tres dimensiones:

1. Desatar ligaduras.
2. Soltar cargas de opresión.
3. Romper todo yugo.

Es imposible mantener una vida plena y libre en Cristo si no hemos pasado por el proceso de liberación. El pecado nos encadena, pone cargas y nos ata a una vida de dolor y amargura. Solo podremos experimentar la libertad a través del arrepentimiento, y estableciendo un tiempo de ayuno que libere las tres dimensiones del pecado. Mientras yo caminaba lejos de esta verdad y revelación, tenía movimientos pero no avances; sí, aunque suene igual, no es lo mismo. Muchos pueden moverse en el reino, pero eso no implica que haya avance; el avance lo revelan los frutos.

Es imposible mantener una vida plena y libre en Cristo si no hemos pasado por el proceso de liberación.

La libertad del rechazo se consigue ayunando. Luego de estar libres del yugo, del dolor y el rechazo, entonces aceptamos el de Cristo para caminar bajo la libertad que solo se obtiene unido a Él. *"Llevad mi yugo sobre vosotros, y aprended de mí, que soy manso y humilde de corazón; y hallaréis descanso para vuestras almas; porque mi yugo es fácil, y ligera mi carga" Mateo 11:29-30.* Jesús dijo lleven mi yugo y aprendan de Mí. ¿Qué debemos aprender? Que el rechazo que Él experimentó no causó efecto en Él ni en Su propósito, porque tenía convicción de Su identidad. Uno de los golpes que le damos a las tinieblas es reconociendo quiénes somos y a lo que hemos venido a la tierra. No somos un accidente ni una casualidad, "somos propósito asignado".

Hoy es un buen día para romper con ese yugo llamado rechazo que afecta tu vida. Si no abortas su plan, será la herencia que le dejarás a tus generaciones. El espíritu de rechazo trabaja en diferentes formas y áreas. Una de ellas es desde el nacimiento (se asigna al escuchar a uno de los padres pronunciar palabras como: no estaba preparado para este embarazo, esto me estorbará mis planes, esto acabará con mi economía, etc.)

Escuché a una madre amiga decir que no entendía por qué su hijo, ya mayor de edad, le tenía rencor. No la honraba ni la respetaba, y sus palabras hacia ella eran hirientes, hasta que un día ella decidió pedirle perdón. Al hacerlo, su hijo comenzó el proceso de liberación. Él inició a gritar con dolor y a reclamarle por qué ella lo había dejado en su país de origen, donde recibía maltratos de quienes tenían que protegerlo. Él sentía rechazo por abandono y pensaba que su madre no lo amaba. Por otro lado, me explicó que su concepción no fue placentera, que ella no tenía planes de procrear con aquel hombre y ese rechazo fue traspasado a su hijo de manera inconsciente por parte de ella.

Son muchos los que hoy en día viven esa misma historia. Nuestras palabras bendicen o maldicen nuestras generaciones. Tengamos cuidado de lo que le decimos a nuestros hijos influidos por el rechazo. Muchos, como padres, dan lo mismo que recibieron en su infancia, solo Cristo y la voluntad de ayunar y romper con esa ligadura liberta a nuestras generaciones de esa opresión. Los pecados son heredados y los espíritus son transferidos de generación en generación. *"Como el gorrión en su vagar, y como la golondrina en su vuelo, así la maldición nunca vendrá sin causa"* *Proverbios 26:2.*

Ninguna maldición es transferida por casualidad, quiero mostrarte por la Palabra cómo opera un pecado de generación en generación. Aunque para el tiempo de Abraham aún no se había implementado la ley, la mentira se traspasó en tres generaciones por la puerta que este abrió al mentir.

- Mentira de Abraham

"De allí partió Abraham a la tierra del Neguev, y acampó entre Cades y Shur, y habitó como forastero en Gerar. Y dijo Abraham de Sara su mujer: Es mi hermana. Y Abimelec rey de Gerar envió y tomó a Sara. Pero Dios vino a Abimelec en sueños de noche, y le dijo: «He aquí, muerto eres, a causa de la mujer que has tomado, la cual es casada con marido». Mas Abimelec no se había llegado a ella, y dijo: «Señor, ¿matarás también al inocente? ¿No me dijo él: Mi hermana es; y ella también dijo: Es mi hermano? Con sencillez de mi corazón y con limpieza de mis manos he hecho esto». Y le dijo Dios en sueños: «Yo también sé que con integridad de tu corazón has hecho esto; y yo también te detuve de pecar contra mí, y así no te permití que la tocases. Ahora, pues, devuelve la mujer a su marido; porque es profeta, y orará por ti, y vivirás. Y si no la devolvieres, sabe que de cierto morirás tú, y todos los tuyos»"
Génesis 2:1-7.

- Mentira de Isaac

"Y los hombres de aquel lugar le preguntaron acerca de su mujer; y él respondió: «Es mi hermana»; porque tuvo miedo de decir: Es mi mujer; pensando que tal vez los hombres del lugar lo matarían por causa de Rebeca, pues ella era de hermoso aspecto. Sucedió que después que él estuvo allí muchos días, Abimelec, rey de los

filisteos, mirando por una ventana, vio a Isaac que acariciaba a Rebeca, su mujer. Y llamó Abimelec a Isaac, y dijo: «He aquí, ella es de cierto tu mujer. ¿Cómo, pues, dijiste: Es mi hermana?» E Isaac le respondió: «Porque dije: Quizá moriré por causa de ella»" Génesis 26:7-8.

• Mentira de Jacob

"Y tomó Rebeca los vestidos de Esaú, su hijo mayor, los preciosos, que ella tenía en casa, y vistió a Jacob, su hijo menor; y cubrió sus manos y la parte de su cuello, donde no tenía vello, con las pieles de los cabritos; y entregó los guisados y el pan que había preparado, en manos de Jacob su hijo. Entonces este fue a su padre y dijo: «Padre mío». E Isaac respondió: «Heme aquí; ¿quién eres, hijo mío?» Y Jacob dijo a su padre: «Yo soy Esaú, tu primogénito; he hecho como me dijiste: levántate ahora, y siéntate, y come de mi caza, para que me bendigas». Entonces Isaac dijo a su hijo: «¿Cómo es que la hallaste tan pronto, hijo mío?» Y él respondió: «Porque Jehová tu Dios hizo que la encontrase delante de mí». E Isaac dijo a Jacob: «Acércate ahora, y te palparé, hijo mío, por si eres mi hijo Esaú o no». Y se acercó Jacob a su padre Isaac, quien le palpó, y dijo: «La voz es la voz de Jacob, pero las manos, las manos de Esaú». Y no le conoció, porque sus manos eran vellosas como las manos de Esaú; y le bendijo. Y dijo: «¿Eres tú mi hijo Esaú?»Y Jacob

respondió: «Yo soy». Dijo también: «Acércamela, y comeré de la caza de mi hijo, para que yo te bendiga»; y Jacob se la acercó, e Isaac comió; le trajo también vino, y bebió. Y le dijo Isaac su padre: «Acércate ahora, y bésame, hijo mío». Y Jacob se acercó, y le besó; y olió Isaac el olor de sus vestidos, y le bendijo, diciendo: «Mira, el olor de mi hijo, como el olor del campo que Jehová ha bendecido; Dios, pues, te dé del rocío del cielo, y de las grosuras de la tierra, y abundancia de trigo y de mosto. Sírvante pueblos, y naciones se inclinen a ti; sé, señor de tus hermanos, y se inclinen ante ti los hijos de tu madre. Malditos los que te maldijeren, y benditos los que te bendijeren»" Génesis 27:15-19.

Podemos ver claramente, que de manera inconsciente, las cuatro generaciones de Abraham caminaron bajo el mismo patrón que él. Solo era cuestión de que un escenario se diera para activar aquella maldición que gravitaba en su árbol genealógico. De igual forma, opera el rechazo. Viene por trasferencia, asignado por palabras o recibido por parte de la sociedad; pero no se da de manera fortuita. Alguien en nuestro pasado lo activó o fue esclavo de eso. Por eso, es tan importante la liberación y el quitarle derecho a lo que antes nos controlaba. ¿No conoce usted de familias que todos mueren en accidentes catastróficos? Otros viven en el alcoholismo o con enfermedades terribles. Eso se llama "maldiciones generacionales" y solo se rompe tomando los beneficios del ayuno.

Estamos diseñados para vivir bajo la plenitud y el deleite en Cristo, por tal razón, te invito a que hagas un análisis de la conducta o comportamientos que hayas hecho y te evalúes con el formulario a continuación. Da un paso hacia la sanidad y libertad en Jesús.

Formulario

1. ¿Has sido víctima del rechazo?
o Sí
o No

2. Selecciona el tipo de rechazo al cual has sido expuesto.
o Abandono
o Maltrato
o Humillación
o Injusticia
o Violación

3. ¿Has practicado el rechazo?
o Sí
o No

4. ¿Has sido víctima de alguno de estos sentimientos luego de haber experimentado el rechazo? Seleccione los que apliquen.

o Depresión
o Amargura
o Tristeza
o Venganza
o Soledad
o Amargura
o Falta de identidad
o Deseos de morir
o Atentado contra su vida

Si reconoces que has practicado o recibido lo mencionado, es tiempo de que entres en un proceso de liberación en Cristo. Te recomendamos acercarte a tu pastor o un líder inmediato, que pueda dirigirte a esta experiencia sanadora. Si no tienes quién le guíe, dirígete a la presencia de Dios con un corazón humillado y arrepentido. Has una agenda de ayunos y oraciones donde puedas experimentar la liberación y hacer la siguiente oración de renuncia.

Padre, en el nombre de Jesús, hoy tomo la decisión de renunciar y quitarle el derecho legal en mi vida, que pude otorgarle de manera consciente o inconsciente, a estos espíritus que han provocado destrucción en mí y no serán traspasados a mi generación (renuncia al dolor, a la amargura, a la depresión, a la tristeza, al estrés, a la ansiedad, al temor, a la falta de confianza y seguridad en las promesas de Dios). Renuncio a todo espíritu de rechazo recibido o dado de manera consciente o inconsciente (renuncia a la falta de aceptación, a la timidez, a la baja estima, a la impulsividad, a raíces de amargura y la falta de perdón). Hoy decido perdonar y quitarle el derecho a las heridas causadas por otros en mi familia, trabajo, escuela o universidad, que hayan sido causa de dolor en mi vida y que eso impide ser libre. Renuncio a ese estado de rebeldía que me llevó a tener un comportamiento inapropiado con mis padres, mis hermanos, amigos y la sociedad en particular. Renuncio a la culpa, al abuso, al resentimiento, el odio, envidia, los celos, la idolatría y la angustia que son causados por no conocer quién soy en Cristo. Renuncio a relaciones del pasado que dañaron mi vida, a traiciones y abandonos, renuncio a todo bullying producido por cualquier condición física que tenga según mis estándares humanos.

Hoy decido perdonar y pedir perdón a:

_____

por haber herido mis sentimientos y emociones. Me declaro libre del rencor y el odio, en el nombre de Jesús. Renuncio a toda palabra de aborto, de abandono, de no ser amado y de maltrato. Decido amar a quien una vez fue instrumento para herirme y dañar el propósito de vida que tengo en Jesús. Te doy gracias por llegar a mi vida y llevarme a una verdadera libertad en ti que solo es producida rindiendo y renunciando a lo antes mencionado, decido vivir en libertad.

Luego de haber hecho esta oración, empieza a adorar a Dios y a caminar en la verdadera libertad. *"Si el Hijo los hace libres, ustedes serán verdaderamente libres" Juan 8:36.*

Capítulo 7

Las promesas en Su Palabra me otorgan identidad

Las promesas de Dios son esa ancla que nos mantiene en puerto seguro, aunque las olas se levanten con ímpetu. Conocer mis derechos como hijo me hace disfrutar de los beneficios como ciudadano del reino.

¿Quién dice la Biblia que soy?

• Hijo. *"Nos predestinó para adopción como hijos para sí mediante Jesucristo, conforme al beneplácito de su voluntad" Efesios 1:5.*

• Más que vencedor. *"¿Quién nos separará del amor de Cristo? ¿Tribulación, o angustia, o persecución, o hambre, o desnudez, o peligro, o espada? Como está escrito: Por causa de ti somos muertos todo el tiempo; Somos contados como ovejas de matadero. Antes, en todas estas cosas, somos más que vencedores por medio de aquel que nos amó" Romanos 8: 35-37.*

• **Predestinado para buenas obras.** *"Porque somos hechura suya, creados en Cristo Jesús para buenas obras, las cuales Dios preparó de antemano para que anduviésemos en ellas" Efesios 2:10.*

• **Discípulo.** *"Ya no os llamaré siervos, porque el siervo no sabe lo que hace su señor; pero os he llamado amigos, porque todas las cosas que oí de mi Padre, os las he dado a conocer" Juan 15:15.*

• **Redimido y perdonado.** *"Él nos libró del dominio de la oscuridad y nos trasladó al reino de su amado Hijo, en quien tenemos redención, el perdón de pecados" Colosenses 1:13-14.*

• **Completo en Cristo.** *"Porque en él habita corporalmente toda la plenitud de la divinidad, y vosotros estáis completos en él, que es la cabeza de todo principado y potestad" Colosenses 2:9-10.*

• **Libre de condenación.** *"Ahora, pues, ninguna condenación hay para los que están en Cristo Jesús, los que no andan conforme a la carne, sino conforme al Espíritu. Porque la ley del Espíritu de vida en Cristo Jesús me ha librado de la ley del pecado y de la muerte" Romanos 8:1-2.*

• Estoy escondido con Cristo en Dios. *"Si, pues, habéis resucitado con Cristo, buscad las cosas de arriba, donde está Cristo sentado a la diestra de Dios. Poned la mira en las cosas de arriba, no en las de la tierra. Porque habéis muerto, y vuestra vida está escondida con Cristo en Dios. Cuando Cristo, vuestra vida, se manifieste, entonces vosotros también seréis manifestados con él en gloria" Colosenses 3:1-4.*

• Tengo Derecho a ser sano. *"He aquí que yo les traeré sanidad y medicina; y los curaré, y les revelaré abundancia de paz y de verdad. Y haré volver los cautivos de Judá y los cautivos de Israel, y los restableceré como al principio. Y los limpiaré de toda su maldad con que pecaron contra mí; y perdonaré todos sus pecados con que contra mí pecaron, y con que contra mí se rebelaron" Jeremías 33:6-8.*

• Heredero de paz. *"La paz os dejo, mi paz os doy; yo no os la doy como el mundo la da. No se turbe vuestro corazón ni tenga miedo" Juan 14:26–27.*

• No tengo espíritu de cobardía, sino de poder, amor y dominio propio. *"Porque no nos ha dado Dios espíritu de cobardía, sino de poder, de amor y de dominio propio" 2 Timoteo 1:7.*

• Soy el templo de Dios. *"¿No sabéis que sois templo de Dios, y que el Espíritu de Dios mora en vosotros?" 1 Corintios 3:16.*

• Estoy sentado con Cristo en lugares celestiales *"Y juntamente con él nos resucitó, y asimismo nos hizo sentar en los lugares celestiales con Cristo Jesús" Efesios 2:6.*

• Puedo hacer todas las cosas a través de Cristo quien me fortalece *"Todo lo puedo en Cristo que me fortalece" Filipenses 4:13.*

Nuestro diseño es único, Dios no repite moldes, o sea, que somos hechura exclusiva y con una identidad en Él. Cuando una nación o pueblo conoce quién es y su valor, no se deja manipular de otros porque su identidad le hace defender sus derechos. Por otro lado, cuando no tenemos conocimiento de nuestra identidad, el destino por el cual debemos transitar puede ser desviado por cualquier cosa que quiera dirigirnos.

Cuando una nación o pueblo conoce quién es y su valor, no se deja manipular de otros.

En un momento dado, al inicio de la relación con mi esposo, él se percató de que por vía del rechazo yo tenía falta de identidad y trató de enseñarme mi valor por medio de un escenario difícil para mí. Nuestra relación no estaba sólida, apenas iniciaba y él me había citado para conversar. Yo no sabía que esa cita era un aprendizaje para mí. Todo inició normal y de repente mi esposo comenzó a decirme que nuestra relación debía terminar

Conocer tu valor te hace codiciable

y que no podíamos estar unidos por la diferencia de carácter entre ambos. Yo comencé a llorar y me puse muy nerviosa y confundida, ya que en los días anteriores todo en la relación marchaba excelente. Diez minutos después, comenzó a manipular el ambiente con el objetivo de hacerme ver el valor que yo tenía y quién yo era. Me dijo: "Si quieres que esta relación se mantenga, debes tener relaciones íntimas conmigo y hacer lo que yo te diga". Sus palabras fueron a raíz de varios momentos de negación por mi parte para entrar a la etapa de la intimidad.

Al escuchar sus palabras y sin mediar, entré en el acuerdo de él, ya que estaba enamorada y su trato conmigo era muy amable, cariñoso y yo tenía carencia de ese tipo de atención. Sin embargo, cuando él vio que yo me iba a quitar la ropa, me dijo: "No lo hagas, te quiero enseñar algo". Inmediatamente me dijo: "Eres una mujer bella, inteligente, llena de virtudes y grandes atributos que no merece ser manipulada por ningún hombre o entidad en la tierra. Debes saber que, si no conoces tu identidad, todo el mundo jugará con tus emociones". En ese momento me quedé perpleja porque nunca imaginé que todo lo que estaba viviendo con él, en ese momento, era la puerta que abriría una nueva etapa para mí. Él me dijo: "Ni yo ni nadie tiene el derecho de manipular tus emociones, debes tener bien claro que conocer tu valor te hace codiciable".

Salí de aquel lugar con esa gran enseñanza que me ayudó hasta el sol de hoy. Querido lector, ¿cuántas veces somos manipulados por las tinieblas, por medio de personas que el enemigo usa para dañar nuestra identidad? Quien no conoce quién es y el valor que tiene, jamás disfrutará de los beneficios de ser hijo de Dios. La Biblia dice lo siguiente: *"Mas a todos los que le recibieron, a los que creen en su nombre, les dio potestad de ser hechos hijos de Dios; los cuales no son engendrados de sangre, ni de voluntad de carne, ni de voluntad de varón, sino de Dios" Juan 1:12-13.*

La palabra potestad es "derecho legal", o sea, por medio de la muerte y la resurrección de Jesús, tenemos el derecho, el acceso de ser llamados hijos, y si tenemos Padre, también poseemos herencia que solo es usada por medio de la identidad en Él. Satanás hará todo lo que sea necesario para que esta verdad no te sea revelada, porque vivir ciego y con el entendimiento oscurecido de quiénes somos y la herencia que tenemos como hijos, nos exime de obtener los beneficios de nuestro Padre.Hoy es el día de volver a tu diseño, tu origen y tu valor.

Repite esta oración conmigo:

Padre, en esta hora reconozco que no comprendía mi valor e identidad en Ti. No tenía conocimiento del diseño y propósito por el cual me creaste. De hoy en adelante, me despojo de toda falta de identidad y adopto mi diseño en Ti y declaro que soy hechura tuya, creada para buenas obras, en el nombre de Jesús, amén.

Vivir una vida de libertad es caminar bajo los beneficios de la cruz. Cristo vino a la tierra con el único objetivo de hacernos libres del cautiverio del pecado. El apóstol Juan revela por el Espíritu, quién es el que garantiza la verdadera libertad del alma. No hay otro método ni lugar para recibir la libertad que no sea en Cristo (extracto tomado del último capítulo de nuestro primer libro "Guerrera de hogar"). *"Así que, si el Hijo os libertare, seréis verdaderamente libres" Juan 8:36.*

¡Eres valioso, tienes cualidades únicas, tu diseño y molde no es repetible! Dios te hizo con un gran propósito ser su imagen en la tierra.

"La libertad nunca es dada voluntariamente por el opresor; debe ser demandada por el oprimido"
Martin Luther King Jr.

¡¡ATRÉVETE HOY A DEMANDAR TU LIBERTAD!!

Testimonios

Testimonios

Mi historia de rechazo comenzó cuando a los 6 meses de nacida, mi madre me abandonó en la casa de mi abuelo y se fue con el padre de mis tres hermanos. Del matrimonio de mi papá y mi mamá, solo nací yo. Mis tres hermanos son del segundo matrimonio de mi madre. Un niño cuando se cría sin su mamá sufre mucho.

Desde temprana edad el enemigo comenzó a susurrarme que nadie me quería. Comencé a preguntarme ¿por qué mi mamá se quedo con mis hermanos y a mí me abandonó? Lloraba mucho porque ella no me visitaba. Escuchaba comentarios de mis tíos que decían que mi madre no venía a verme. Nunca estuvo en nada importante de mi vida. No fue a ninguna reunión en mi escuela, a mi fiesta de 15 años o en los cambios que atravesamos de niña a mujer. Recuerdo que le pedía a los vecinos que me peinaran para ir a la escuela o a las madres de mis compañeras de escuela que buscaran mis calificaciones escolares.

Cuando tenía ocho años, mi padre, la única persona que me amaba, murió luego de batallar con el SIDA. Aunque él vivía en Estados Unidos, siempre me escribía, me llamaba por teléfono y suplía mis necesidades. Su muerte fue muy traumática para mí. Vi y escuché cosas que una niña no debe y esto marcó mi vida hasta que conocí a Cristo. Después de la muerte de mi padre, muchas personas comenzaron a tratarme mal y a menospreciarme porque ya no recibían el dinero de mi padre.

Al criarme con mi abuelo, porque mi abuela murió, en una casa vivíamos once personas. Siete tíos, dos tías, mi abuelo y yo. Luego mis tías se casaron y me quedé sola con mi abuelo y mis tíos. A los 12 años me tocó la responsabilidad absoluta de una casa. Lavar, cocinar, fregar y hacer la cena, para mi abuelo y mis siete tíos. Esto aparte de asistir a la escuela. Esto produjo en mí, poco a poco mal carácter, y todo el tiempo estaba a la defensiva, creía que todos los que se me acercaban me querían lastimar. No aceptaba abrazos, ni afecto. Creía que nadie quería estar conmigo, y que, si alguien me daba una muestra de afecto, era por que quería algo de mí. Me irritaba, asumía cosas que los demás pensaban de mí, pero estas solo estaban en mi mente.

No fue hasta un día en un retiro de la iglesia cuando Dios comenzó a tratar el rechazo en mi vida. Me tomó años reconocerlo hasta que Dios me libertó por completo para ayudar a otros a salir de esa condición. Hoy vivo una vida en plenitud y en total libertad de este espíritu. Actualmente, sirvo a Dios en mi iglesia en el ministerio de damas y en el ministerio de intercesión.

Testimonio/ DT

Cuando tenía cinco años, mis padres se divorciaron. Mi madre, movida por el rencor, me separó de mi papá. Luego de seis años sin saber de él, en mi cumpleaños número once le escribí una carta. Quería verlo y me hacía mucha falta, sin embargo, la respuesta que recibí de él me partió la vida en mil pedazos. Me dijo: "Tengo cinco años viviendo sin ti y estoy listo para hacerlo el resto de mis días, tu madre nos separó y no quiero ser molestia en tu vida".

Al leer su respuesta, sentí que mi mundo se derrumbó, ya nada para mí tenía sentido. Hacía las cosas sin amor y sin apego. Por otra parte, tampoco tenía ningún tipo de conexión con mi madre, aunque vivíamos en la misma casa. Viví por más de diez años con una culpa y un rechazo agudo, porque sentía que era el causante de la separación de mis padres. Reprobé en la escuela más de cinco veces y desarrollé depresión, tristeza, dolor, amargura, deseos de morir y todo fue producido por el rechazo que sentí cuando mi padre me dijo que sería mejor para ambos estar separados.

Todo cambió cuando a los veintitrés años decidí entregar mi vida a Jesús. Asistí a un retiro de liberación y comprendí que el rechazo es un pequeño cáncer que va carcomiendo todo lo bonito del ser humano. Solo en ese momento supe que el plan de Satanás era destruirme por medio del rechazo que mi padre me había brindado.

Hoy sirvo a Dios con todo mi corazón y mis fuerzas. Dios me ha permitido estudiar psicología y junto a Su Palabra ayudar a muchas personas a superar y a ser libres del rechazo. Solo Jesús nos puede sacar de esa cárcel, solo Jesús nos puede quitar esas ataduras y grilletes, y solo en Jesús encontramos salvación y libertad.

Testimonio/ TR

"Porque yo nací pecador; sí, lo soy desde el momento que mi madre me concibió. Tú amas la verdad en lo íntimo, y me enseñas a ser sabio en lo más profundo de mí ser. Purifícame con

hisopo, y volveré a ser puro. Lávame, y seré más blanco que la nieve. Devuélveme mi gozo y alegría; me has quebrantado, ahora déjame gozarme" Salmos 51:5-8.

Al igual que David, así comenzó mi historia. Primogénita, concebida en fornicación y expuesta a un intento de aborto, al mi madre conocer la noticia de que estaba embarazada. A pesar de ser primera hija, nieta y sobrina, de parte de ambas familias, por parte de mi madre siempre recibí palabras fuertes y actitudes parcas. Aun siendo una niña fui expuesta al rechazo abierto, al sentimiento de orfandad y de abandono y al "tienes que resolver por ti misma".

Siempre fui conversadora, pero había una frase que mi madre usaba cada vez que hacía preguntas, "Ahí vienes con tus estupideces". Cuando llegué a la adolescencia, esa etiqueta me llevó a un mutismo selectivo y me convirtió en una joven aislada, de amistades escasas y de poca confianza en sí misma. Me sumergí en el mundo de la lectura y juegos de mesa para compensar la carencia de vida social.

Estuve muchos años en terapias, pero yo seguía muda por elección, porque todo siempre era una estupidez para otros (según yo). No fue hasta la adultez que conocí al Señor y me liberó de esta influencia del espíritu del rechazo. A partir de ese momento comencé a hacer uso de mis grandes habilidades conversacionales y de liderazgo que yacían en mí de manera innata, pero que desconocía. Hizo falta el impacto de la presencia de Dios para descubrir todo lo que Él había depositado en mí.

Testomonio/ IC

Oración final

Oro al padre en el nombre de Jesús, para que cada página de este libro te ilumine a caminar en total libertad, te ayude a identificar cualquier área de tu vida en donde hayas recibido rechazo y que Su Palabra y la presencia del Espíritu Santo traiga sanidad para que seas un hombre y una mujer libre.

Oro para que tus generaciones sean bendecidas y reciban el bien y la benevolencia de Dios por recibir tu verdadera liberación, en el nombre de Jesús. Amén.

Oración por salvación

Señor Jesús, hoy reconozco que necesito de Ti. Abro la puerta de mi corazón y te entrono para que lo gobiernes. Reconozco que lejos de Ti soy un esclavo de Satanás, anhelo conocerte más cada día y poder abrazar Tus promesas en mi vida y mi familia.

Registra mi nombre en el libro de la vida y permíteme celebrar las bodas del cordero en Tu regreso, en el nombre de Jesús, Amén.

Permítenos conocerte

Si leíste este libro y tienes algún testimonio de cómo ha ministrado tu vida, puedes enviarlo a: laobradelcalvario@gmail.com

Recursos

Asención, M. (2023). *La huella emocional del rechazo.* Upress. Recuperado de: https://historicoupress.upaep.mx/index.php/opinion/entrevistas/7535-la-huella-emocional-del-rechazo (2024).

La raíz del rechazo. Joyce Meyer Ministries. Recuperado de: https://tv.joycemeyer.org/espanol/devotional/la-raiz-del-rechazo/ (2024).

Montejo, I. (2021). *Lidiando con un Espíritu de Rechazo #4: Las Manifestaciones.* Letra y Espíritu. Recuperado de: https://www.letrayespiritu.org/post/lidiando-con-un-espíritu-de-rechazo-las-manifestaciones (2024).

Soler, R. (2022). *Miedo al rechazo: su origen psicológico y sus terribles consecuencias.* Cuerpomente. Recuperado de: https://www.cuerpomente.com/blogs/ramon-soler/miedo-rechazo-origen-psicologico-terribles-consecuencias_10666 (2024).

También disponible

Guerrera

Guerrera de tu hogar te dará la certeza
activando la esperanza que le da paso
cuando la fuerza de nuestro enemigo
Sabaot al socorro.

En este libro conocerás: ¿cómo usar l
¿qué ocurre si te descuidas en medio
¿cómo levantarte si estás herida? y, por
zas si te sientes cansada? El Padre est
deseosas de restaurar el tabernáculo e
vidas, familias y naciones.

Guerrera
de tu hogar

Profeta Clara Abreu

Made in the USA
Columbia, SC
03 August 2024

39637627R00061

Made in the USA
Columbia, SC
03 August 2024